SUPPLÉMENT

A LA NOTICE BIOGRAPHIQUE

DE B. G. SAGE.

SUPPLÉMENT
A LA NOTICE BIOGRAPHIQUE
DE B. G. SAGE,

DE L'ACADÉMIE ROYALE DES SCIENCES DE PARIS,
FONDATEUR ET DIRECTEUR
DE LA PREMIÈRE ÉCOLE DES MINES,
CHEVALIER DE L'ORDRE ROYAL DE SAINT-MICHEL.

A PARIS,
DE L'IMPRIMERIE DE P. DIDOT, L'AÎNÉ,
CHEVALIER DE L'ORDRE ROYAL DE SAINT-MICHEL,
IMPRIMEUR DU ROI.
1820.

SUPPLÉMENT

A LA NOTICE BIOGRAPHIQUE

DE B. G. SAGE.

Lorsque j'ai publié en 1818 ma notice biographique, j'ai eu pour but de faire connaître à mon pays et à la postérité que, dès mon plus bas âge, je me suis occupé des moyens d'être utile à la France. On verra, par ce supplément, combien j'ai eu de difficultés à vaincre pour y parvenir.

Ayant fait connaître à M. Necker que la métallurgie était soumise à l'essai des minéraux, que cette partie était en désuétude en France, et qu'elle ne pouvait être vivifiée qu'à l'aide de la docimasie, que pour cet effet il fallait en créer une chaire, il adopta ma proposition en 1777. Mais il crut, avant de lui donner sa sanction, devoir consulter Buffon, qui employa tous les moyens pour détourner ce ministre, disant qu'il n'y avait que M. Daubenton propre à remplir cette chaire de minéralogie, qu'il fit créer au collége royal en faveur de son compatriote, qui n'avait aucune connaissance en docimasie. Indigné de ce procédé du Pline français, j'allai le trouver, pour connaître s'il était mon détracteur : il me l'avoua ; ce qui me détermina, étant de la députation de l'Académie qui allait présenter un volume au Roi, à inviter mes confrères de dire au ministre s'ils connaissaient quelqu'un plus propre que moi à remplir la chaire de minéralogie docimastique : ils dirent univoquement que le choix du ministre était celui de l'Académie, et je fus nommé par le Roi.

La conduite qu'avait tenue Buffon envers moi interrompit ma correspondance avec lui. Mais ayant obtenu en 1783 la création de l'école des mines, et douze élèves payés par le gouvernement, qui furent instruits, dans mon école, des sciences propres à former de bons ingénieurs; et ayant sacrifié tout ce qui me restait pour ériger un monument d'architecture dans le local que Louis XVI avait consacré à mon école, à la Monnaie, où la collection méthodique des mines connues offre le tableau le plus intéressant et le plus utile, parce-que leur analyse, que j'ai conservée, constate la nature et l'essence de ce que renferme cette collection de mines, que j'ai été soixante années à former à mes frais, et qui est la première qui ait servi à l'instruction publique; l'état florissant de mon école ayant réveillé l'intrigue de Buffon, il m'envoya en députation Lacépède, qui n'était alors que garde du cabinet du jardin des plantes, afin de m'engager à réunir ma collection à celle de ce jardin, et à y transporter mon école. Je répondis à ce Béarnais que je ne partagerais avec qui que ce fût la gloire d'avoir formé un établissement nécessaire et productif qui manquait à la France.

Mais je ne puis exprimer quelle fut ma surprise, lorsqu'en 1790, M. Le Brun, qui était alors président du comité des finances de l'assemblée constituante, fit porter par cet aréopage un décret qui ordonnait la translation de mon école et de mon cabinet au Jardin des plantes; décret par lequel je fus spolié en même temps des deux mille francs de traitement de ma chaire, qui étaient payés sur les Monnaies; de sorte que, en ayant été privé pendant trente années, cela m'a occasioné une perte de soixante mille francs.

Lorsque Lacépède m'était venu proposer la translation de mon cabinet et de mon école, il m'avait annoncé que mon traitement serait augmenté. Je lui répondis : *Timeo Danaos et dona ferentes*. J'étais loin de m'attendre alors que M. Le Brun, abusant du pouvoir, aurait l'indignité de me dépouiller d'une partie de ma fortune.

Pendant sept années que j'ai dirigé l'école des mines, j'ai eu à m'applaudir de la conduite et de la reconnaissance de mes élèves, qui est exprimée par les mots *Discipulorum pignus amoris*, qu'ils mirent sur le cippe portant mon buste, qu'ils ont fait exécuter en bronze.

Mais la révolution a fait prendre une autre marche à ces mêmes élèves, qui furent stimulés par les principaux membres du comité de salut public, et surtout par Guyton, qui, voulant dominer les sciences, fit créer l'école polytechnique, fit élever dans le Palais-Bourbon vingt-quatre laboratoires de chimie pour ses nombreux élèves, et fit passer un décret par lequel on ne recevrait aux mines que les élèves de son école.

C'est afin d'éviter des réclamations de ma part que je fus frappé d'un mandat d'arrêt, émané du comité de salut public, et précipité dans un cachot infect, où je fus détenu pendant plus de trois mois. C'est dans ce sépulcre des vivants que je commençai à perdre la vue; ce qui détermina le comité révolutionnaire à me transférer dans une maison de santé. Ayant appris que mes jours étaient menacés de la hache révolutionnaire, parceque j'avais reçu à ma campagne la reine avec ses enfants, je parvins, à l'aide d'argent, à obtenir du comité de sûreté générale, le 15 pluviose an 2, un ordre par lequel ma liberté me fut rendue.

C'est pendant ce temps que l'école révolutionnaire des mines fut dirigée par le régicide Guyton, et prit consistance sous le titre de Maison d'instruction des mines de la république. L'agence de ces mines m'a privé des six mille livres de traitement attribuées à ma place de commissaire du conseil pour l'essai des mines.

Le directoire, afin de me dédommager en partie des pertes que j'avais éprouvées, ajouta six mille francs à mon traitement, qui furent portés sur les fonds des ponts et chaussées, dont les élèves suivaient mes leçons depuis plus de vingt années ; traitement qui m'a été supprimé par économie sous le ministère de Chaptal.

Le corps révolutionnaire des mines n'ayant point de collection particulière pour l'instruction, obtint du comité de salut public la translation de mon cabinet dans l'hôtel de Noailles-Mouchy, où il s'était établi. Il avait allégué pour raison que j'avais cédé une partie de mon cabinet à l'état, en 1783, moyennant une rente viagère de cinq mille francs, lesquels furent réduits à seize cent soixante-six francs en 1796. Mon retour à la liberté lui fit abandonner le projet de la translation de mon cabinet : mais ceux qui étaient à la tête de l'école révolutionnaire des mines trouvèrent à se dédommager, en choisissant, parmi les dépouilles des malheureuses victimes de la révolution, les minéraux qui en faisaient partie, ainsi que les instruments et les machines de physique, et une belle collection de livres.

J'ai éprouvé, pendant et depuis la révolution, tout ce que l'envie, l'ingratitude et la malveillance, peuvent imaginer d'atroce; mais, ayant toujours fait le bien, n'étant susceptible d'aucun reproche, je vis bien avec moi-même, et je laisse à la postérité à apprécier tout ce que j'ai fait tant pour la science que pour ajouter à la gloire de Louis XVI, qui m'a honoré d'une protection spéciale.

Louis XVIII m'a décoré spontanément de l'ordre de Saint-Michel, en récompense des services que j'ai rendus. Dans le même temps, M. de Vaublanc m'a privé, *avec regret*, à ce qu'il m'a écrit, de trois mille francs qui avaient été reportés sur mon traitement, afin de m'aider à remplir les engagements que j'avais contractés pour terminer la décoration du musée des mines.

Avant la révolution, tous mes ouvrages avaient été imprimés au Louvre; fait que j'exposai à M. de Montalivet, en le priant de m'aider de six mille francs sur les fonds destinés aux encouragements, pour imprimer mcs Institutions de physique et de minéralogie. Il fut convenu, entre ce ministre et M. de Laumond, conseiller d'état, directeur général des mines, que cette somme me serait délivrée sur les redevances imposées sur les mines; ce qui est constaté par une lettre officielle et collective que je conserve. Ayant appris que M. de Laumond avait de disponible entre les mains huit cent quarante mille francs, je lui écrivis, afin de l'engager à acquitter la promesse ministérielle; mais il n'en tint compte, et préféra donner à Buonaparte les huit cent quarante mille francs; ce qui fait connaître que ce directeur des mines m'a fait une banqueroute frauduleuse de six mille francs.

La malveillance de M. de Laumond à mon égard s'est signalée de la manière la plus criminelle, en ne me portant pas sur l'état des mines ; ce qui m'a privé des avantages que la loi accorde à ceux qui y sont compris.

M. de Laumond aurait dû être dirigé par le rapport qui fut fait au Corps législatif, le 13 avril 1810, par l'orateur du gouvernement (Regnault de Saint-Jean d'Angély). On y lit, page 12 :

« Le conseil des mines profita des tra-« vaux de M. Sage, ce Nestor de la mé-« tallurgie, premier fondateur de l'école « des mines. Des sujets y furent formés « en assez grand nombre, et, par leur « moyen, l'administration porta les lu-« mières et la surveillance sur cette partie « trop long-temps négligée. »

On sait que M. de Laumond n'avait aucunes connaissances relatives à la partie d'administration qui lui était confiée, et qu'il régla la conduite qu'il a tenue d'après les renseignements qu'il alla puiser chez l'abbé Haüy.

Regardant comme une dette ministérielle les six mille francs qui m'avaient été promis par la lettre officielle, et étant pressé par le besoin, ayant eu le malheur de me casser la cuisse, j'écrivis avec instante prière, le 9 février 1819, à M. le comte Decazes, afin qu'il prît part à ma position, et qu'il me fît délivrer les six mille francs promis, pour que je pusse m'acquitter de mes dettes. Je n'ai reçu aucune réponse de ce ministre, quoique je lui eusse fait connaître que j'étais octogénaire, privé de la vue, et estropié, et membre de l'Académie des sciences depuis plus de cinquante années, pouvant d'ailleurs citer soixante années de professorat, et que je m'étais dépouillé du reste de ma fortune pour terminer le musée des mines, et transformer en monument le local qui le renferme.

Croyant intéresser M. de Mirbel à la demande que j'avais faite à M. Decazes, relativement aux six mille francs qui m'ont été promis en 1811, par la lettre officielle qui me fut écrite collectivement avec M. de Montalivet, il ne me fit aucune réponse.

Ayant demandé, dans une seconde lettre à M. de Mirbel, que le ministre m'aidât à faire graver le monument que j'ai élevé à la Monnaie sous les auspices de Louis XVI, je lui envoyai, pour l'y déterminer, une lettre qui me fut écrite par M. Lainé, lorsqu'il était ministre, lettre par laquelle il me faisait espérer d'obtenir ma demande (1) : nonobstant cela, la réponse de M. de Mirbel fut négative; il ne daigna pas venir voir mon établissement.

Estimant que M. Becquey, maintenant directeur général des mines, dont l'honneur et l'équité sont connus, s'occuperait des moyens de me faire oublier

---

(1) Les souverains que j'ai eu l'honneur de recevoir au musée des mines m'ayant demandé des gravures de ce magnifique établissement qui honore le règne de Louis XVI, j'en fis part au ministre de l'intérieur pour obtenir cette faveur.

la conduite qu'avait tenue envers moi son prédécesseur, me ferait restituer les six mille francs qu'on doit regarder comme une dette ministérielle, qu'il se rappellerait que c'est moi qui ai fondé la première école des mines, et à qui l'on doit l'origine du corps qu'il préside, et que, malgré tous mes titres, je ne suis pas même porté sur l'état, ce qui me prive des avantages accordés par la loi, je le lui représentai : cependant M. Becquey ne m'a répondu que par des phrases évasives.

Me voici donc, après soixante années de professorat, après avoir fondé un établissement qui rapporte à la France, après avoir élevé à mes frais un monument mémorable, et avoir toujours tenu une conduite irréprochable, privé de vingt-quatre mille livres de revenu, en quoi consistait ma fortune, par les dépositaires de l'autorité d'un roi protecteur des sciences. Si j'ai fait, à diverses reprises, des réclamations, ce n'est pas la cupidité qui m'a conduit ; car je suis plus qu'octogénaire, et je touche presque au terme de la vie. Puissent les faits cités dans ce supplément faire connaître au ministre et au prince combien les intentions royales sont trompées !

J'ai fait connaître le premier la valeur des mines d'argent d'Allemont, en Dauphiné, qu'on voulait faire abandonner comme étant trop dispendieuses pour le roi, mais qui allaient devenir très avantageuses à des intrigants qui desiraient en obtenir l'exploitation. Je fis alors engager *Monsieur*, comte de Provence, à en demander la concession, qu'il obtint. Leur produit net a rendu soixante-douze mille francs par an, que ce prince a perçus pendant douze ou quinze ans, jusqu'à l'époque de la révolution.

Je termine cet écrit par le récit de ce qui a donné naissance à la logomachie chimique. *L'OEdipus chimicus* de Dijon, l'avocat général Guyton, s'étant travesti en professeur de chimie, imagina, pour s'y faire un nom, de forger une nouvelle nomenclature qu'il adressa à l'Académie des sciences de Paris, dont il ambitionnait le suffrage. Je répondis alors que le technique des sciences était un fonds public et sacré qu'il fallait respecter. L'Académie renvoya au citoyen Guyton son travail, en lui marquant qu'elle s'occupait de faits, et non de mots. Guyton, trop attaché à sa progéniture pour l'abandonner, et connaissant la prépondérance qu'avait acquise Lavoisier par ses agapes et par ses nombreux commensaux, au nombre desquels étaient les Fourcroy, les Bertolet, etc., soumit sa nomenclature à leur examen. Elle ne manqua pas d'être adoptée, et présentée peu après à l'Académie, qui dit que les auteurs en étaient responsables, et que le temps et la raison en feraient justice.

Quoique cette nomenclature chimique soit insignifiante et sans euphonie, elle fut admise dans toutes les écoles, et cette néologomanie s'est aujourd'hui emparée de toutes les têtes, quoique les mots les plus usités soient les plus insignifians, comme je l'ai fait connaître dans les divers ouvrages que j'ai publiés; ce qui a été cause que les journalistes n'ont pas voulu en rendre compte. Pour moi, on sait que j'ai toujours employé le technique des Becker, des Stahl, des Boërhave, des Bergman, et des Schel, parcequ'ils sont les fondateurs de la saine chimie, et qu'on ne peut étudier leurs ouvrages que lorsqu'on connaît leur langage.

Lavoisier et ses sectaires ont employé le mot oxigène, croyant exprimer l'élément qui engendrait les acides; tandis que ce mot signifie fils de vinaigrier, par la même raison que Théogène signifie fils de Dieu, Diogène fils de Jupiter, Archigène fils du chef.

Nos néologistes ont éliminé de leur nomenclature le mot *chaux*, pour y substituer celui d'oxide, qui signifie vinaigre, étant dérivé d'*oxis*, vinaigrier, dont le génitif est oxidos.

Nos novateurs ont désigné le gaz inflammable par le mot hydrogène, qui signifie fils de l'eau, et non générateur de l'eau; ils ont désigné l'eau par les mots oxide d'hydrogène, qui signifient vinaigre né de l'eau, ce qui offre un galimatias double.

Les novateurs ont désigné l'acide prussique par le mot cyanogène, qui signifie né du bleuet; ils ont éliminé le phlógistique, quoique ce soit un des plus grands agents de la nature, puisqu'il est l'essence de la lumière, qu'il constitue le gaz éthéré céleste, qui est impondérable et inodore. Le phlogistique concourt aussi à la production des météores; il fait partie de la couleur et de l'odeur des fleurs. Les métaux lui doivent la ductilité.

Cicéron a bien exprimé la haine qu'on porte aux vérités par cette phrase :

Veritas odium parit obsequium amicos.

Le ministre Montalivet me disait un jour : *Ils sont tous contre vous.* Je lui répondis : Je me trouve plus fort qu'eux, puisque l'adversité ne m'a pas fait changer de principes.

FIN.

Mr. Capperonier

www.ingramcontent.com/pod-product-compliance
Lightning Source LLC
LaVergne TN
LVHW010409240826
846091LV00020B/2863

* 9 7 8 2 0 1 2 4 6 3 6 4 6 *